THÉODORE GUITER.

BIOGRAPHIE

PAR

JEAN LAFFON

DIRECTEUR DE L'INDÉPENDANT DES PYRÉNÉES-ORIENTALES.

PERPIGNAN,
IMPRIMERIE DE L'INDÉPENDANT,
Rue des Fabriques de Naabot, 3.

1876.

THÉODORE GUITER.

I

J'ai promis de donner une Biographie aussi complète que possible de notre regretté représentant Théodore Guiter, je viens tenir ma promesse.

Cet hommage à une mémoire bien chère aurait eu sans doute plus de valeur venant d'une autre main, venant de l'un de ceux qui plus longtemps que moi furent les témoins de la vie de Guiter et qui ont pu par conséquent mieux l'apprécier. Mais on m'a pour ainsi dire imposé cette tâche en me disant que c'est aux jeunes qu'incombe plus particulièrement le devoir d'honorer ceux des anciens qui leur ont servi d'exemple et de modèle.

Ainsi interprétée, cette tâche m'a parue bien douce et je l'ai acceptée de grand cœur. Car, s'il n'y a pas de besogne plus ingrate qu'une banale oraison funèbre, il n'y a aussi aucun devoir plus facile et plus agréable à remplir que celui de louer ceux qu'on a aimés et qui ont forcé par leurs vertus l'estime générale.

Théodore Guiter était de ceux-là. J'ai commencé à le connaître dans les derniers jours de l'Empire, en 1868, quand le parti démocratique se réveillant dans notre département commença à s'affirmer par la création de l'*Indépendant*. Il était alors au déclin de la vie, mais c'était encore lui qui nous donnait le plus de réconfort et qui par sa sérénité inébranlable nous apprenait le mieux à braver les dégoûts qu'offrait la lutte politique sous le régime impérial. Quoiqu'il eût déjà 71 ans, il nous disait toujours : « Ne vous découragez pas, espérez, l'iniquité ne triomphera pas, nous en verrons la fin. »

Cette fin que son cœur de patriote pressentait, il l'a vue en effet. Il a vu ses concitoyens saluer de nouveau la République et le choisir pour représentant. Il a vu le nombre des défenseurs de la République s'accroître et multiplier tous les jours, et ce fut là sans doute une des plus douces consolations de sa dernière heure. Lui qui depuis trois quarts de siècle avait assisté à tant de revirements politiques, qui avait combattu si vigoureusement le bon combat de la liberté contre le despotisme aux formes multiples, devait être heureux de voir enfin la cause qu'il avait servie triomphante, et triomphante par l'appui et le concours d'un grand nombre de ceux qui lui avaient été autrefois infidèles.

Quelle plus douce consolation pour un cœur généreux et stoïque comme le sien !

Chez Théodore Guiter, d'ailleurs, l'amour de la patrie et de la liberté était pour ainsi dire de race. Il l'avait puisé dans sa famille, noble et belle famille aux rameaux nombreux originaire de la Salanque (de Torreilles).

Le plus connu de ses ascendants, son oncle Guiter (Joseph-Antoine-Sébastien) avait été membre de la Convention, du Conseil des Cinq-Cents, du Corps législatif sous l'Empire, et de la Chambre des représentants sous la Restauration. Destiné d'abord à l'état ecclésiastique, il avait accueilli la Révolution « *avec une âme passionnée* « *pour la liberté, avec le zèle naturel à son âge,* « *avec les principes qu'il tenait de son éducation,* » dit un de ses biographes (1). Il fut nommé deux fois maire de Perpignan et envoyé en 1792 à la Convention. Il avait voté l'exil de Louis XVI, avec détention jusqu'à la fin de la guerre (2).

---

(1) *Biographie nouvelle des contemporains* par Arnault, ancien membre de l'Institut, De Jouy de l'Académie française, Norvins et autres. -- Paris, 1820-1825.

(2) Guiter était partisan de l'inviolabilité royale qu'il défendit dans un discours. Lorsque la Convention eut décidé de traduire Louis XVI à sa barre, quand vint le tour de Guiter de répondre à

Le père de Théodore Guiter était notaire à Perpignan et partageait les opinions républicai-

la question : « Quelle peine Louis, ci-devant roi des « Français, a-t-il encourue ?» Il répondit en ces termes : « Des hommes ont demandé la mort du ci- « devant roi, et moi je demande la flétrissure de la « royauté..... Que le tyran qui a usurpé la souverai- « neté du peuple Français aille promener dans l'uni- « vers la malédiction de ce même peuple dont il a « si longtemps outragé la majesté. Que sa présence « réveille partout le remords de ses pareils, qu'elle « avertisse les peuples que le temps de leurs ven- « geances est arrivé..... Que Louis Capet reste en « ôtage jusqu'à la fin de la guerre. Libre, il a trahi « la liberté, captif il peut lui être utile. » Il continua en demandant la sanction du peuple, et termina en proposant un projet de décret dont voici le premier article :

« Article Premier. — Louis Capet, dernier roi des « Français, ses enfants et sa femme seront bannis « à perpétuité du territoire de la République.»

Dans la grande et à jamais déplorable lutte qui divisait les membres de la Convention également dévoués pourtant à la République et à la Révolution, Guiter prit parti pour la Gironde. Il protesta contre le décret qui frappait d'arrestation les 22 Girondins, il publia un compte-rendu des journées du 31 mai et du 2 juin qu'il adressa à ses commettants et qui le fit décréter lui-même d'arrestation. Il fut incarcéré avec 72 de ses collègues. Mis en liberté à la suite du 9 thermidor, Guiter rentra à la Convention en vertu d'un décret de cette Assemblée en date du 18 frimaire an III (8 décembre 1794). Il fit ensuite partie du Conseil des Cinq-Cents jusqu'au 20 mai 1797, fut élu député des Pyrénés-Orientales en 1799, mandat qu'il conserva jusqu'en 1804. Il représenta encore notre département du mois de mai au mois d'août 1815. Il mourut à Paris en 1823.

nes de son frère le conventionnel, qui étaient au reste celles de toute la famille (1).

Théodore Guiter en naissant, le 15 février 1797, sous le Consulat, cette fausse monnaie de la République, trouvait donc des traditions libérales et républicaines à son berceau.

Son cœur généreux en fut bientôt épris, et quand vint la Restauration dans les fourgons étrangers, elle trouva en lui un ennemi irréconciliable.

Il l'accueillit en ennemi, et elle le traita en ennemi. On sait quels furent alors les excès et l'intolérance du parti royaliste avide de vengeances, affamé de pouvoir. La famille Guiter se signalait d'elle-même à son animosité par sa haute situation dans le pays, par le rôle qu'avait joué un de ses membres dans les Assemblées de la République.

Le jeune Guiter ayant failli être plusieurs fois victime d'attaques violentes, ses parents prirent le parti de l'envoyer à Paris auprès de son oncle le conventionnel, pour le soustraire aux dangers que son caractère ardent et l'animosité des royalistes auraient pu lui créer. Ces dangers, il les partageait avec un autre jeune homme, Hippolyte Picas, qui devait jouer un rôle important

---

(1) La famille se composait de six frères. L'un d'eux, commissaire des guerres pendant la première République, devenu sous le premier Empire commissaire ordonnateur, mourut à Montmirail le 16 mai 1857.

dans notre histoire politique locale à côté de Guiter. Celui-là aussi, ses parents durent l'éloigner de Perpignan. Ils le firent partir pour Toulouse en même temps que Guiter partait pour Paris.

Arrivé dans la capitale, Théodore Guiter eut de suite, grâce à son oncle, son entrée dans le monde politique. L'ancien conventionnel avait conservé des relations suivies avec ses anciens collègues, notamment avec Daunou, Lafayette et la plupart des chefs du parti libéral. Le jeune Guiter, intelligent, instruit, ayant déjà étudié avec fruit l'histoire de son pays, surtout l'histoire de la période révolutionnaire, se trouva bientôt apprécié par les vieux lutteurs qui se préparaient à faire une guerre acharnée et victorieuse à l'ancien régime. M. Destutt de Tracy, ancien représentant aux Etats-Généraux, académicien, membre de la Chambre des pairs et philosophe distingué le prit pour secrétaire. Et là, dans ce milieu d'élite, sous cette haute direction, Guiter fortifia son instruction, et puisa les principes qui servirent de règle à toute sa vie.

Il lui eût été bien facile alors, grâce à ses fortes études, grâce à toutes les influences dont il pouvait user, de mettre le pied sur le premier échelon qui conduit aux grandeurs politiques. Un ambitieux n'y aurait pas manqué. Guiter sacrifia tout par amour pour sa famille.

En 1818, son père étant mort, il renonça sans hésitation aux brillantes espérances que son imagination pouvait déjà légitimement concevoir, pour revenir à Perpignan et servir de protecteur à ses deux sœurs.

Il n'avait compté qu'avec son cœur, il avait oublié ses ennemis politiques. Ceux-ci se mirent en travers de ses projets et l'empêchèrent de prendre la succession de son père. Après avoir lutté de tout son pouvoir pour vaincre les obstacles qu'on opposait à ses projets, désespérant de réussir, il se décida à retourner à Paris pour continuer ses études et compléter son stage. Il retrouva ses anciens amis Degeorge, Rolle, Armand Carrel, il en acquit de nouveaux parmi les jeunes républicains notamment Godefroy Cavaignac, Guinard, et avec eux prit part à toutes les manifestations anti-royalistes de cette époque.

Enfin, cependant, la mauvaise volonté de ses ennemis de Perpignan céda, il fut accepté comme notaire en 1824, et il prit possession de l'étude paternelle qui était restée vacante. Guiter avait alors 28 ans, il venait d'entrer dans une famille dont les branches devaient se lier aux branches de la sienne, au point de paraître venir toutes du même tronc, il était marié avec Mlle Massot, sœur du député actuel de l'arrondissement de Céret, M. Paul Massot.

Sa destinée était désormais fixée.

Il était établi à Perpignan. Il y trouva son camarade Picas qui était en train de gagner ses éperons comme avocat et se distinguait déjà en défendant brillamment quelques causes politiques, notamment celle d'un accusé illustre, Armand Carrel (1).

Le parti libéral qui, on peut le deviner, n'était pas très fortement constitué dans notre département à cette époque, avait désormais deux chefs jeunes, ardents, bien préparés pour la lutte autant par leurs études que par l'expérience des choses politiques qu'ils avaient déjà acquise dans des milieux plus vivants.

La propagande de ces deux chevaliers du droit démocratique augmenta rapidement la force du parti libéral. Ils en vinrent au point d'oser opposer un candidat, M. Jaume Bosch, à M. François Durand qui avec M. Poezdavant représen-

---

(1) Armand Carrel, démissionnaire de l'armée active (il était sous-lieutenant au 29º de ligne) avait passé en Espagne en 1823, pour servir la cause constitutionnelle dans une légion libérale étrangère organisée à Barcelone. Cette légion, après avoir eu deux affaires sanglantes à Llado et à Llers, avait été forcée de capituler. Les officiers français avaient été compris dans la capitulation, mais après être entrés librement à Perpignan, avec leurs insignes militaires, ils furent arrêtés par ordre du gouvernement et enfermés au Castillet pour être traduits devant le conseil de guerre. Le 2º conseil se déclara incompétent, mais son jugement fut cassé par la Cour de cassation et les accusés furent renvoyés devant le 1er conseil qui condamna Carrel à mort le 16 mars 1824. Ce jugement fut encore annulé pour vice de forme, le 24 avril 1824, et Carrel fut alors transféré à Toulouse où il fut définitivement acquitté. Carrel était resté plus de huit mois au Castillet et fut assisté dans toute cette affaire par Mª Picas.

tait depuis 1816 la réaction dans notre département. Leurs premiers efforts ne furent pas couronnés de succès. Mais l'orage révolutionnaire approchait. Le sentiment national jusqu'alors contenu fit explosion ; les ordonnances de Charles X, retirant toutes les libertés octroyées par la Charte furent l'étincelle qui alluma l'incendie. La Révolution de 1830 éclata, et l'ancien régime alla rejoindre pour toujours les vieilles lunes.

II

Presque au début de sa vie politique, Guiter se trouvait ainsi parmi les vainqueurs. Il se montra dès lors tel qu'il a toujours été, désintéressé, honnête jusqu'au plus extrême scrupule, ennemi des violences et fidèle à lui-même. Si quelqu'un à Perpignan eût pu profiter de la victoire, c'était lui. Si quelqu'un eût pu saisir cette occasion de changer, c'était lui. Il ne profita pas de la victoire et il ne changea pas, il resta après 1830 ce qu'il était avant, notaire et libéral, demandant à l'opinion publique, aux électeurs seulement, la récompense de sa conduite. Cette récompense ne lui manqua pas, il fut conseiller municipal à Perpignan de 1834 à 1848, il fut conseiller d'arrondissement de 1838 à 1840, il fut conseiller général pour le canton de Rivesaltes de 1841 à 1846, et s'il cessa en 1846 de siéger à l'Assemblée départementale, ce fut volontairement. Se trouvant seul opposant dans cette

Assemblée, il perdit patience et donna sa démission.

Mais s'il représentait seul l'opposition dans l'Assemblée départementale, il se trouvait à la tête d'une majorité opposante dans le Conseil municipal. Il est vrai que cette majorité était le produit d'une coalition, et qu'elle se composait de deux partis : le parti républicain-libéral et le parti légitimiste. De cette coalition naquit en 1846 le premier *Indépendant* qui avait un imprimeur légitimiste, M. Alzine, et un rédacteur républicain, M. Pierre Lefranc. Avec nos idées actuelles, nous avons peine à concevoir une semblable entente. Les partis se classent et se cantonnent aujourd'hui avec plus d'exactitude et de rigueur. Le parti républicain particulièrement est devenu assez fort pour n'avoir pas besoin de compagnon.

En 1846, cette coalition paraissait chose toute naturelle. Les légitimistes qui ne pouvaient pardonner à la branche cadette de leur avoir escamoté leur roi, les républicains qui ne pouvaient davantage lui pardonner de leur avoir escamoté la République d'abord et la liberté ensuite, s'entendaient à merveille pour résister au gouvernement corrupteur de Louis-Philippe. Tout le bénéfice de cette coalition était pour les républicains, car tout ce qui profite à la liberté profite à la République. D'ailleurs le candidat de la coalition était un républicain, c'était notre illustre François Arago, qui, à la gloire d'être un savant admiré du monde civilisé, joignait l'honneur de servir de drapeau et d'égide au parti libéral.

Pour bien juger au reste de la situation des hommes et des partis sous Louis-Philippe dans notre département, et pour apprécier le rôle qui était échu à Guiter il faut se reporter à l'élection de 1846.

Nous allons en parler avec détails.

Le gouvernement et son préfet Vaïsse (qui fut plus tard proconsul de Lyon) se laissèrent assez sottement engager dans cette affaire par le général Castellane. Celui-ci qui commandait depuis longtemps à Perpignan et y jouissait d'une certaine popularité s'était mis en tête de faire nommer député du 1er arrondissement son jeune parent, son gendre, le marquis de Contades et de l'opposer à notre illustre compatriote François Arago. Malgré toutes les manœuvres militaires et civiles, François Arago fut élu par le collège des censitaires. Je n'étais alors qu'un enfant, mais je me rappelle encore le long, l'immense cri de joie et d'enthousiasme qui fut poussé par la foule entassée dans la rue Saint-Dominique (1) quand le résultat attendu, désiré par tous les cœurs Roussillonnais, fut proclamé.

Mais les nerfs du général Castellane ne purent supporter le triomphe de celui dont il s'était

---

(1) Le collège électoral siégeait dans la salle St-Dominique.

constitué gratuitement l'ennemi. Depuis quinze jours déjà, à tout propos et sans propos, M. de Castellane faisait mettre avec grand fracas sa division sous les armes, sans doute pour sauver notre pays du terrible danger qu'il courait, en voulant se faire représenter par le plus glorieux et le plus honoré de ses enfants. Ce n'était là qu'un prélude. Quand le danger fut devenu une réalité, M. de Castellane ne connut plus de frein.

Empruntons le récit de l'*Indépendant* d'alors :
« Tandis que la population rayonnait de joie, se
« répand dans la ville en répétant son chant de
« triomphe qui n'est pas un cri de guerre : *Vive*
« *Arago !* les troupes débouchent de toutes parts,
« s'emparent des places, puis vont et viennent,
« et leur seule présence jette dans la ville des
« ferments d'exaspération. Que faisaient là les
« troupes ? Quels désordres y avait-il à suppri-
« mer ? Aucun. Donc, on provoquait de nou-
« veau.

« Mais ce n'était rien encore. Le lendemain,
« lundi, à sept heures du soir, M. de Castellane
« traverse la place de la Loge où ne se trouvaient
« pas vingt personnes réunies. Quelques cris
« l'y accueillent, et voilà un homme d'âge, un
« lieutenant-général, un fonctionnaire de l'or-
« dre le plus élevé, qui s'emporte comme un
« enfant, et parle de faire arrêter les provoca-
« teurs. Quel était ce cri séditieux ? On ne le
« croira pas : c'est le seul mot : Vive Arago !

« Au même instant, et par ordre de M. de
« Castellane, on bat la générale ; l'infanterie,
« la cavalerie, l'artillerie, s'ébranlent ; la place
« de la Loge, les rues adjacentes, et bientôt
« toute la ville est jonchée de troupes : et pour-
« quoi ? Pour venger le général de cette insulte:
« Vive Arago ! ! !

« C'est de la folie, s'écrie-t-on. Mais comme
« rien n'est plus dangereux que la folie armée ;
« mais comme le sabre commence à *mouliner* et
« à balayer la place, les citoyens les plus pru-
« dents refoulent leur indignation, et se jettent
« au milieu des groupes pour les apaiser. De son
« côté, le Conseil municipal se rassemble sous la
« présidence de M. le Maire. Des interpellations
« vives assiégent ce magistrat qui déclare qu'il
« n'a donné aucun ordre à la force publique. Le
« général reparaît et le commissaire de police
« qu'il se permet de requérir, nous ne savons de
« quel droit, se permet de porter la main sur un
« membre du Conseil ! M. le colonel Pons, dont
« l'énergie est connue, en a donné ici une
« preuve plus méritoire que sur les champs de
« bataille. Il a réussi à se contenir, et grâce à
« l'intervention d'un de ses collègues, M. Fraisse,
« cette première algarade n'eut pas de suites.

« M. le Maire demande au général de faire
« retirer ses troupes, se chargeant de son côté de
« calmer l'irritation de la foule. Tout va donc
« s'arranger lorsque survient M. le Préfet, en
« tenue et la colère à la bouche. Ses traits boule-

« versés annoncent l'orage. « Retirez-vous, dit-
« il au Maire et au Conseil, sur un ton que nous
« ne pouvons rendre. Retirez-vous, vous êtes
« sans qualité ici. Dans ma personne se concen-
« trent tous les pouvoirs. » Vainement, M. Pons,
« M. Guiter, tout le Conseil entoure le Préfet et
« lui parle le langage d'une haute raison. M. le
« Préfet maltraite le Conseil, insulte la repré-
« sentation de la ville, manque à sa propre
« dignité, fait charger les armes, et le roulement
« des tambours annonce une première somma-
« tion.

« Contre qui ? contre quoi ? Où est le désordre ?
« Où est l'émeute ? Quels sont les cris séditieux ?
« (Vive Arago !) A-t-on lancé une seule pierre,
« proféré la moindre menace ? Non, la popula-
« tion serait cent fois plus agglomérée, sa joie
« serait tant soit peu plus brillante, qu'il n'y
« a pas le moindre désordre à craindre. Mais
« que voulez-vous ? L'autorité, loin de se con-
« tenter de maudire ses juges pendant vingt-
« quatre heures, s'apprête à les faire mitrailler.
« Le feu des illuminations lui coule dans les
« yeux ; elle vous soutiendra qu'il y a émeute.
« Et ! pardieu ! continuez et vous l'aurez dans
« cinq minutes. Car le sang des citoyens ne cou-
« lera pas sans vengeance, et il retombera sur
« votre tête. « M. le Préfet n'en démord pas. A
« une minute d'intervalle, c'est-à-dire un temps
« matériellement insuffisant pour l'évacuation
« de la place, les sommations se succèdent, puis

« vient une charge de cavalerie. Le sabre chasse
« devant lui les citoyens et leurs représentants.
« Nous sommes en pleine Turquie ! Dire à quel
« point nous frémissons de colère, dépeindre
« l'état de la ville ; rappeler ce qu'il a fallu de
« patience, de raison à la jeunesse pour se conte-
« nir et pour calmer l'agitation générale, ce
« serait faire le procès à l'autorité. Heureusement
« nous avons une population modèle. Au nom
« de M. Arago, elle s'est tue, elle s'est rangée,
« regardant sans effroi mais avec mépris passer,
« repasser les sabres nus et les canons chargés.
« Ouvriers et jeunes gens, tous se sont montrés
« admirables. A onze heures du soir, il ne restait
« sur place que les autorités avec les troupes
« rangées en bataille. Chose presque miraculeuse !
« pas un accident n'était à déplorer. Mais un
« malheur plus grand venait de se produire.
« L'autorité supérieure avait mis le comble à ses
« vexations. L'autorité avait perdu tout prestige,
« Elle s'était aliéné la population. »

L'*Indépendant* disait bien et juste. Une protestation aussitôt couverte de nombreuses signatures exprima les sentiments de la population. En voici le texte :

Nous, habitants de la ville de Perpignan, représentants de la cité et simples citoyens, pères de famille et jeunes gens, propriétaires, négociants, artisans et ouvriers, mus par un sentiment commun de douleur et d'indignation étranger à toute opinion politique,
Considérant
Que, dans les soirées des 2 et 3 août, les manifes-

tations de joie inoffensives qui accueillaient l'élection de M. Arago ont été violemment troublées par l'intervention de la force armée ;

Que M. le lieutenant-général comte de Castellane, imaginant une injure personnelle dans un vivat adressé à M. Arago, s'est permis de requérir des arrestations, notamment celle de M. le colonel Pons, membre du Conseil municipal ;

Que, au lieu de demander par la voie légale la répression de cette injure, au moins étrange, M. de Castellane a fait battre la générale, réuni sa division, envahi les rues et les places, ordonné de charger les armes, semé le trouble et l'effroi, exaspéré enfin au plus haut degré une population calme, paisible, heureuse ; oubliant ainsi jusqu'aux témoignages d'affection personnelle qui en d'autres temps ne lui faisaient pas défaut ;

Que, par cette prise d'armes, injustifiable de tout point, puisque la ville ne présentait pas la moindre apparence de désordre, M. de Castellane a eu le tort, non moins grave, d'usurper les fonctions de l'autorité civile, à qui seule appartient la police de la ville ;

Que l'imprudence du général a été aggravée encore par l'intervention de M. le Préfet, lequel méconnaissant le caractère du premier magistrat de la cité et maltraitant les représentants qui l'entouraient, a fait des sommations intempestives, suivies de charges de cavalerie, qui avaient tout le caractère d'odieuses provocations ;

Que si nous n'avons pas d'affreux malheurs à déplorer, on le doit uniquement au bon sens et à la patience, digne des plus grands éloges, d'une population brutalement insultée ;

Qu'il est si vrai que la présence des troupes a seule causé quelques rassemblements, que depuis leur absence la ville a repris sa tranquillité habituelle.

En résumé :

Que, assimiler à une injure ou à un cri séditieux, un de ces vivats permis à toutes les opinions, est tout à la fois blessant pour notre illustre compatriote et attentatoire à la plus sainte des libertés, les manifestations de la conscience;

Que porter la main sur l'un des élus de la cité, est de la part d'un militaire un attentat sans exemple aux droits municipaux et une violation de nos institutions;

Que les faits qui nous ont affligés ne pourraient se comprendre qu'après une mise en état de siège régulière dans la forme et nécessitée par des circonstances graves;

PROTESTONS HAUTEMENT, au nom de la dignité de la ville, au nom des lois, au nom de l'humanité même, contre la conduite de M. le général Castellane et M. le Préfet de notre département;

Déclarons nous associer de toute la force de nos sympathies au sort de nos honorables concitoyens qui, par un renversement de tout principe de justice et de légalité, se trouvent en ce moment l'objet de poursuites correctionnelles, en raison du concours qu'ils ont prêté à M. le Maire;

Supplions, enfin, notre député de porter nos griefs à la tribune, afin que justice nous soit rendue, et que le blâme soit infligé à qui de droit.

Suivent les signatures.

Perpignan, le 6 août 1846.

Les plaintes de la population trouvèrent immédiatement un écho dans le Conseil municipal qui était alors réuni en session ordinaire. Théodore Guiter et Hippolyte Picas, organes chaleureux des intérêts de la ville émirent le vœu que l'autorité municipale fit respecter ses priviléges en toutes occasions.

Il ne faut pas croire cependant que l'administration fût repentante de son coup de tête. Elle tâchait d'égarer l'opinion du dehors par les récits mensongers des organes officieux, si bien que le maire, M. le baron Guiraud de St-Marsal, fut amené à rétablir la vérité par une lettre très modérée adressée au journal la *Presse* de Paris. Malgré la modération de la lettre et de l'auteur, un arrêté préfectoral vint bientôt suspendre M. le baron Guiraud de St-Marsal de ses fonctions de maire. M. Théodore Mouchous, l'un des adjoints, qui avait été désigné pour remplacer par intérim M. Guiraud, non-seulement n'accepta pas cet honneur, mais encore résigna ses fonctions d'adjoint. L'adjoint restant, M. Justin Durand était absent. On était en pleine crise municipale.

Le préfet délègue pour remplir les fonctions de maire un conseiller municipal dévoué à l'administration, M. Ribell. Alors commence entre le nouveau maire et la majorité municipale une lutte de longue haleine qui ne finit qu'avec la révolution de 1848, et dans laquelle Théodore Guiter joue le principal rôle.

La nomination du nouveau délégué à la mairie n'ayant pas été publiée, le Conseil laisse passer deux convocations sans y répondre. A la troisième, le 12 octobre, le Conseil est en nombre, mais dès le début de la séance, Théodore Guiter lit une déclaration faisant connaître les motifs de l'absence de la majorité aux deux précédentes réunions et protestant contre la suspension de M. Guiraud. Le nouveau maire refuse de mettre aux voix l'approbation des observations présentées par M. Guiter, le Conseil se retire alors. Il ne reste autour du maire provisoire que trois ou quatre conseillers, et toute délibération devient impossible.

Le 2 novembre, M. le baron Guiraud de Saint-Marsal donne sa démission de membre du Conseil municipal ne voulant plus, dit il, accepter de l'autorité supérieure, avec ou sans excuses, *une écharpe dont elle a rabaissé l'importance et méconnu la dignité.*

Arrive la session légale de novembre. Hippolyte Picas qui n'était pas encore venu en séance depuis la suspension du baron Guiraud demande la parole après la lecture du procès-verbal et fait une déclartaion pour regretter la mesure prise à l'égard de l'ancien maire et rendre hommage à sa conduite aussi loyale que courageuse. « Après
« cette déclaration, dit-il en terminant, je ne
« crois pas devoir refuser mon concours à l'admi-
« nistration municipale dans les questions qui
« intéressent la ville, parce que leur ajourne-
« ment laisserait en souffrance d'urgentes amélio-
« rations, mais ce concours n'implique nullement
« de ma part l'approbation de la situation
« exceptionnelle qui nous a été faite, et je
« n'hésiterai pas à le refuser toutes les fois que
« ce refus pourra se concilier avec les intérêts de
« la cité. »

Adhèrent purement et simplement aux paroles de M. Picas les dix-sept membres dont les noms suivent :

MM. *Pons, Guiter, d'Ortaffa, Mouchous, Taslu-Jaubert, Passama, Astors, Carcassonne Louis,*

Cruchandeu, Carcassonne-Frigola, Ferrer, Dalverny, Fraisse, Vassal-Frigola, Rivière et Carcassonne Michel.

Chacun de ces membres s'était successivement levé pour exprimer son adhésion.

M. Ribell, maire provisoire, ne s'oppose pas à l'insertion de la note au procès-verbal, mais fait en même temps toutes ses réserves pour l'avenir.

Au lieu de s'apaiser cependant le conflit devait s'envenimer. Le maire provisoire avait été nommé maire définitivement avec M. Justin Durand conservé comme 1er adjoint, mais toujours absent, et M. Lacroix, 2e adjoint. A toutes les séances, Picas et Guiter saisirent l'occasion de protester au sujet des événements des 2 et 3 août, et de déclarer qu'ils devaient refuser leur concours *au Maire qui est venu en aide à l'Administration supérieure dans sa lutte contre la population.* La solution de toutes les questions est systématiquement ajournée.

On arrive enfin à la session de Mai. Guiter est rapporteur du Budget et a fait précéder son rapport d'une protestation au sujet des événements des 2 et 3 août. A la séance du 2 juin, Guiter ne veut pas lire son rapport sur les comptes tant que la présidence de la séance n'aura pas été donnée au Président de la Commission du Budget, M. Théodore Mouchous, conformément à l'art. 25 de la loi du 18 juillet 1837. M. le Maire refuse d'abord de céder la présidence, et puis déclare y consentir, si M. Mouchous s'engage à ne pas laisser lire le préambule du rapport. M. Mouchous refuse. Le Maire lève la séance. La majorité proteste.

On arrive ainsi de séance en séance et de refus en refus jusqu'à la séance du 8 novembre 1847, dans laquelle Guiter lit la protestation suivante :

PROTESTATION

Nous soussignés, membres du Conseil municipal de la ville de Perpignan, en présence d'une situation qui nous est imposée, d'une division qu'il n'a pas été en nous d'éviter, croyons devoir déclarer que nous persistons dans la ligne de conduite adoptée par nous, dès le mois de mai dernier, parce qu'elle nous est commandée par un devoir rigoureux, parce qu'elle est appuyée sur un droit irréfragable.

La loi du 18 Juillet 1837, art. 25, dans un esprit de sage prudence, impose au maire l'obligation de céder, au moment de la discussion des comptes le fauteuil de la présidence à un membre élu du Conseil. L'élection faite, nous nous sommes heurtés à la résistance inattendue de l'administration.

Nous demandons encore une fois que, sans s'arrêter à la prétention inouïe de M. le Maire, de considérer comme en dehors de la discussion le rapport qui en est le point de départ nécessaire, la loi soit pleinement exécutée.

Nous déclarons que nous sommes prêts, aussitôt que le fauteuil de la présidence sera occupé par le président que la loi y appelle, à passer immédiatement et successivement à la discussion des comptes et au vote du budget.

Nous protestons contre toute fausse interprétation de notre conduite, contre toute mesure administrative, qui, pour arriver à la création du budget par ordonnance, présenterait arbitrairement notre rappel à la loi comme un refus de concours.

Perpignan, ce 8 novembre 1847.

Signés : *François Rivière, d'Ortaffa, Guiter, Hippolyte Picas, Michel Carcassonne, Cruchandeu, Tastu-Jaubert, Amédée Lamer, Jules Dalverny, François Astors, B. Vassal, F. Fraisse aîné, Ferrer.*

A la séance suivante (26 novembre), le Maire lit une protestation en réponse à celle de la majorité du Conseil. M. Picas réplique et termine ainsi :

« Considérant enfin, que malgré le texte et
« l'esprit de la loi, M. Ribell persiste dans sa
« résolution à présider le Conseil pendant la
« lecture du rapport.

« Déclarons de notre côté persister dans notre
« protestation ;

« Et néanmoins pour sauvegarder les intérêts
« de la ville, nous voulons bien, encore une fois,
« offrir à M. le Maire et à la minorité du Conseil
« une démission collective, qui en appelant à se
« prononcer les électeurs nos juges naturels.
« termine régulièrement ce conflit et laisse in-
« tacte la dignité de tous.

« Déclarent adhérer, sans aucune restriction
« aux observations présentées par M. Picas,
« MM. Lamer, Ferrer, Fraisse, Mouchous, Pons,
« Guiter, Astors, Carcassonne Louis, Dalverny,
« Rivière, d'Ortaffa, Cruchandeu et Tastu-Jau-
« bert. »

Il va sans dire que cette proposition de la majorité ne fut pas acceptée. Le Maire, impuissant à vaincre la volonté bien arrêtée du Conseil, se résigna à se faire octroyer un budget d'office par le nouveau préfet, M. Taillefer, qui avait remplacé M. Vaïsse depuis le mois de septembre.

Nous passons tous les tiraillements qui survinrent par suite de la façon dont ce budget avait été dressé. Imposé d'office, il ne contenait que les dépenses obligatoires, et laissait en souffrance bien des services importants. Le Conseil eut encore beau jeu quand le maire vint piteusement lui demander de combler par des votes les vides de ce budget.

On peut bien penser que cette lutte de dix-huit mois entre le Conseil municipal et l'administration imposée ne laissait pas la ville indifférente. Les esprits étaient montés à un diapason élevé, les polémiques des journaux s'en ressentaient. Et, selon la tradition, c'était le journal de l'opposition, l'*Indépendant*, qui payait les pots cassés. On lui intentait procès sur procès, et c'est merveille que le pauvre petit journal n'ait pas succombé dans la guerre à outrance que l'Administration lui faisait.

Mais de fortes sympathies le soutenaient, et le sentiment public le portait. L'Administration aurait été évidemment bientôt forcée de dénouer elle-même le conflit qu'elle avait fait naître, quand la révolution vint le trancher. Sourd à toutes les voix qui du plus profond de la nation lui criaient : *Réforme*, le gouvernement de Louis-

Philippe s'entêtait dans la résistance. La Révolution qui l'avait créé le brisa. Le suffrage universel prit possession du trône et s'installa en souverain. Ici commence une nouvelle phase de la vie de Guiter.

III

Guiter, chef de l'opposition dans les Pyrénées-Orientales et d'ailleurs premier conseiller municipal, dut immédiatement prendre le poids et la responsabilité de la situation. On l'installa au poste d'honneur et de combat, la mairie de Perpignan. Il inaugura ses fonctions en publiant la proclamation suivante :

Le Conseiller municipal faisant fonctions de Maire, aux habitants de Perpignan.

Chers concitoyens,

Au défi insolent d'un Pouvoir réactionnaire, la population de Paris, toujours héroïque, a répondu par une Révolution. — Après une grande bataille force est restée au droit.—Un gouvernement nouveau s'organise. — De tous les points de la France s'élance un cri d'enthousiasme. — Le cœur de notre ville, de patriotisme si ardent, a bondi à la nouvelle de la sublime fête de la grande famille.

La victoire nous est venue belle, héroïque, comme inespérée; nous avons à montrer maintenant à l'Europe, qui bat des mains, que nous en étions dignes. Que le sentiment de notre force nous donne une fière modération, le sentiment de notre grandeur, le mépris de toutes basses vengeances. Nous avons cru, à cette heure solennelle d'une régénération, devoir accepter les fonctions municipales qui nous placent à votre tête. Nous avons compté, en nous chargeant de cette difficile tâche, sur votre intelligente volonté d'ordre et de calme. Nous sommes sûr que notre confiance ne sera pas trompée.

Que chacun donc, dans la fièvre de son esprit et de son cœur, s'impose même règle, même discipline :
Respect de la victoire.
Respect donc des personnes, mépris de tout sentiment, de toute colère qui appelât de flétrissantes représailles.
Généreuse et magnanime, comme le cœur sublime de notre France ; calmes et confiants dans les citoyens qu'a choisis Paris, en notre Arago, ne songeons qu'à nous associer aux joies, aux grandeurs de notre patrie. N'oublions pas que cette noblesse d'âme fut toujours le plus beau côté du caractère français.

Le Conseiller municipal, remplissant les fonctions de Maire,
Th. Guiter.

On retrouve dans cette proclamation toute la gamme des sentiments de Guiter, l'enthousiasme révolutionnaire, la générosité chevaleresque, l'esprit de modération.

Guiter était d'ailleurs parfaitement secondé par une Commission départementale dans laquelle se trouvaient son fils Eugène Guiter et son beau-frère M. Paul Massot (1). Il ne fallait

---

(1) Voici la première proclamation de cette commission :

Proclamation. — *La Commission départementale des Pyrénées-Orientales*. — Chers concitoyens. — Le Préfet est parti. En attendant les ordres du gouvernement que s'est donné la France, une Commission départementale s'est organisée. Cette lourde charge, nous l'avons acceptée, car animés des sentiments, des idées qui émeuvent vos cœurs et vos intelligences, nous voulons, avec tous les bons citoyens, que notre victoire soit pure et grande, et par cela féconde et éternelle ; nous croyons en votre patriotisme, en votre respect de l'ordre et des

rien moins qu'un homme de cette autorité pour maintenir la paix dans la cité et calmer les effervescences populaires. L'enthousiasme débordait, et aussi quelquefois la colère. Il y avait un élan incomparable de fraternité, il semblait qu'on était à la veille de réaliser le bonheur universel. Les démonstrations patriotiques se multipliaient, tout le monde y prenait part, même le clergé qui bénissait les arbres de la Liberté. Mais aussi quelquefois le peuple trompé par de fausses alertes ou excité par de mauvais citoyens qui feignaient l'exaltation des sentiments pour mieux le tromper, éclatait et rompait les digues. Guiter toujours généreux et homme d'ordre quand même intervenait pour dissiper les malentendus et empêcher les violences. Bien des gens se rappellent encore l'avoir vu sauver au péril de sa vie dans la cour de la Mairie, un de ses collègues qui sous la monarchie déchue s'était particulièrement dis-

---

personnes. Nous pouvons nous tromper ; mais nous vous supplions de rester en communion de cœur avec votre commission provisoire. Nous serons ainsi toujours d'accord ; nous agirons toujours d'ensemble.

Que chacun comprenne bien que dans les grands jours que nous avons eu le bonheur de voir se lever, en tout citoyen il y a un magistrat. Que chacun donc, sentant la grandeur de cette fonction de paix et de justice, fasse comme nous son devoir. Perpignan, le 26 février 1848. Les membres de la Commission départementale, *F. Artus, G. Cuillé, J. Fabre, E. Guiter, Lefranc, P. Massot, F. Méric, J. Quès.*

tingué par son acharnement à défendre l'arbitraire, au sujet des événements des 2 et 3 août.

La lettre suivante montrera au reste que les autorités d'alors étendaient leur sollicitude à tous et qu'elles ne faisaient pas de distinction dans l'exercice du mandat d'ordre dont la confiance de leurs concitoyens les avait investies :

Sacré-Cœur du Vernet, 6 mars 1848.

Monsieur,

Vous avez veillé sur nous avec sollicitude pendant ces jours d'orage ; nous tenons à vous exprimer notre reconnaissance et pour l'intérêt que vous nous avez témoigné et pour les démarches que vous avez faites en notre faveur.

Nos cœurs n'oublieront jamais que vous avez détourné l'émeute qui se dirigeait sur nous.

Veuillez, Monsieur, nous continuer votre secours à l'occasion, surtout quand nos enfants nous seront rendus.

Soyez assez bon, Monsieur, pour faire agréer nos remerciements aux membres de la Commission départementale auxquels nous devons aussi de la reconnaissance.

Agréez, Monsieur, l'assurance de mon respect,

Pour la Supérieure,
E. QUINCIEUX,
Religieuse du Sacré-Cœur.

Dès le 29 février, le gouvernement provisoire nommait Guiter commissaire du gouvernement. Voici le texte du décret de nomination :

RÉPUBLIQUE FRANÇAISE.
LIBERTÉ, ÉGALITÉ, FRATERNITÉ.
Au nom du Peuple Français!

Le gouvernement provisoire révoque le préfet actuel du département des Pyrénées-Orientales et nomme le citoyen Th. Guiter commissaire du gouvernement dans ce département, l'investissant des pouvoirs de préfet, et l'autorisant à prendre toutes les mesures d'ordre et de salut public qu'il jugera nécessaires.

Toutes les autorités civiles et militaires sont placées sous ses ordres.

Paris, 29 février 1848.

Le membre du Gouvernement provisoire ministre de l'Intérieur,
LEDRU-ROLLIN.

Guiter n'entra cependant en fonctions que le 6 mars. Il maintint à titre de Commission consultative la Commission départementale et nomma maire de Perpignan son compagnon de lutte Hippolyte Picas, avec les citoyens François Fraisse et André Boy, comme adjoints.

Il ne devait pas longtemps exercer ses nouvelles fonctions. En moins d'une semaine le dégoût le prit et il annonça sa démission à ses concitoyens par la lettre suivante :

Le Commissaire du Gouvernement aux habitants des Pyrénées-Orientales.

Citoyens,

Lorsque nous parvint, il y a quinze jours à peine, le premier cri qui annonçait le réveil de la France, rien ne peut rendre le retentissement qu'il eut dans mon âme. Après tant d'espoirs déçus et d'illusions évanouies, je voyais donc enfin se dresser devant moi les rêves de toute ma vie.

Un premier désir me préoccupa. Aux récits merveilleux de grandeur et de magnanimité qui nous venaient de la ville sainte, je voulais que mon pays, si déchiré qu'il fût par les luttes politiques, répondît dignement, et que le peuple partout vainqueur, fût partout généreux. Au service de cette pensée, je n'avais à mettre que le peu d'influence que j'avais pu acquérir dans les mauvais jours. Je n'hésitai pas.

La loi m'appelait aux fonctions de maire. Je les acceptai, et je remercie solennellement ici tous les collègues qui, avec autant d'intelligence que de cœur, ont secondé mes efforts et partagé ma tâche, allégée du reste par le bon sens et la belle conduite de la population.

Un devoir plus haut m'attendait. Le gouvernement provisoire voulut bien me confier la réorganisation politique du département. Poursuivre l'œuvre d'une Commission à qui je dois des éloges, maintenir l'ordre dans les services publics, tout en y opérant les modifications nécessaires, toucher aux hommes et aux choses, en coordonnant le tout avec le gouvernement nouveau, tout cela était plus ardu pour moi peut-être que pour tout autre : Enfant du pays, entouré d'affections alarmées, je prévoyais les entraves et les liens de toute nature qu'il me faudrait briser au nom d'un devoir sacré. J'acceptai néanmoins encore : le sacrifice devait être complet.

Mais ce que je n'avais pas prévu, c'est qu'une foule immense, qu'une émeute de solliciteurs viendrait aussitôt battre ma porte au point que tout travail sérieux me fût interdit par les exigences fatales des uns, et par les instances irréfléchies des autres. Je ne pouvais prévoir que mon action dût être ainsi paralysée, et que le soupçon de faiblesse m'atteignît dès les premiers pas.

Eclairé aujourd'hui seulement, je sens que l'intérêt public me commande de déposer un fardeau trop lourd pour un homme du pays. Je me retire donc, et je demande dès aujourd'hui un successeur.

Un dernier mot d'adieu. La grande image de la République s'était voilée un instant pour moi, je l'avoue, par ce nuage de poussière que soulèvent toujours les commotions politiques. Et je m'en sentais attristé jusqu'au fond de l'âme. Rendu déjà à la liberté par ma résolution, je puis enfin la revoir dans toute la splendeur de sa jeunesse et de sa beauté, avec toute sa richesse d'avenir. Et je rentre dans la vie privée plein de foi dans les beaux jours qui se lèvent sur notre patrie.

Perpignan, le 12 mars 1848.
Le Commissaire du gouvernement provisoire,
Th. GUITER.

Après avoir été élevé au pouvoir par la confiance et l'acclamation du parti républicain, Guiter y renonçait donc spontanément et volontairement, toujours plein de foi dans la République, mais un peu découragé, fatigué par la forte pressée que les solliciteurs avaient exercée sur lui. Cette calamité des sollicitations importunes, tous les gouvernements la connaissent. Dès qu'un gouvernement nouveau s'installe, une foule de gens découvrent, au plus profond de leur cœur, des convictions conformes à son principe, et pour mieux lui prouver leur zèle ainsi qu'un dévouement qui ne connaît pas d'autres limites que leur intérêt, ils réclament avec instances des fonctions publiques. Désintéressé comme il l'était, Guiter ne put voir d'un cœur tranquille ce flot d'égoïsme menacer de le déborder. Il aurait pu lutter, il était en situation de le faire, mais en bon républicain il préféra montrer par sa démission qu'il était attaché à la liberté pour elle-même, il aima mieux donner une haute leçon de morale à ceux qui ne voyaient dans le triomphe de la liberté que l'occasion de contenter leurs appétits.

Quoique démissionnaire Guiter resta pourtant en fonctions jusqu'au jour où son successeur, M. Numa Dufraisse vint le remplacer, c'est-à-dire jusqu'au 29 mars.

Sa démission qui dut froisser plus d'une susceptibilité au premier moment n'entama pas cependant sa popularité. Aux élections pour l'Assemblée Constituante qui eurent lieu le 6 avril, il fut élu par 31,445 voix, le second sur la liste qui était ainsi composée : *François Arago, Théodore Guiter, Emmanuel Arago, Etienne Arago, Pierre Lefranc* (1).

Aux élections pour l'Assemblée législative ce fut encore la liste républicaine qui l'emporta dans notre département, tandis qu'elle échouait malheureusement dans beaucoup d'autres, et Guiter vit renouveler son mandat qu'il remplit modestement mais avec une fermeté inébranlable.

Cette fermeté qui faisait si bonne compagnie chez lui avec la bonté la plus exquise, il la montra en 1851, quand Louis-Napoléon se décidant enfin à cueillir le fruit que ses machinations, ses intrigues et les folies de la réaction avaient fait mûrir consomma son attentat contre la souverai-

---

(1) François Arago élu aussi à Paris ayant opté pour la capitale, ce fut Hippolyte Picas qui le remplaça dans les Pyrénées-Orientales.

neté nationale. Guiter fut des plus ardents à la résistance. Victor Hugo, dans son livre AVANT L'EXIL, le cite parmi ceux qui jusqu'au dernier moment cherchèrent les moyens d'ameuter le peuple contre le parjure et de lui infliger le châtiment qu'il méritait. Payant de sa personne, on le vit avec un des représentants les plus énergiques du Midi, M. Charamaule de Montpellier, afficher sur les boulevards de Paris des placards proclamant la déchéance du Président.

Inutiles efforts ! En vain les représentants républicains qui avaient échappé au premier coup de filet cherchaient à armer le droit contre le crime, en vain Victor Hugo écrivait ses proclamations enflammées, en vain Baudin se faisait tuer. Le coup de force était tenté au nom de la République et du suffrage universel contre une Assemblée qui avait fait de la République un gouvernement de réaction, contre une Assemblée qui avait privé trois millions d'électeurs de leurs droits électoraux. Le peuple surpris, dérouté par toutes les manœuvres réactionnaires qui s'entrecroisaient pour des buts différents, confondant dans un même dédain les représentants républicains et les fauteurs de la réaction, ne répondit pas aux appels énergiques qui lui étaient adressés dans l'intérêt de sa liberté, de son honneur. Le crime triompha. La République vécut encore nominalement ce qu'il fallut de temps à Louis-Napoléon pour préparer l'Empire, et la France s'affaissa dans la dictature.

IV

Après être resté quelque temps enfermé à Mazas, Guiter fut exilé. Il choisit pour lieu de résidence une ville de la Savoie, Chambéry.

Dans cette ville il fut bientôt apprécié pour ce qu'il était, pour ce qu'il valait, et il y conquit en peu de temps une situation égale à celle qu'il avait dans son pays natal. Un journal de la Savoie parlait ainsi de lui à l'occasion de sa mort : « Depuis le Deux Décembre on peut dire qu'il « nous appartient. Chacun a connu le noble « exilé pendant les longues années d'épreuves « qui suivirent l'attentat de Décembre ; chacun « a pu apprécier cet excellent homme, le mo- « dèle du patriote et du bon citoyen. Les pau- « vres gardent encore le souvenir de ses bienfaits, « principalement dans le faubourg Maché où il « soulageait de nombreuses et grandes misères. » Il avait d'ailleurs contracté avec ce pays d'adoption des liens qu'on ne peut rompre parce qu'ils se rattachent aux fibres les plus sensibles de notre être. Son fils s'y maria. Sa fille y mourut à l'âge de 26 ans. Comment quitter son unique fils en qui se résumaient toutes ses espérances ? Comment s'éloigner du lieu où reposent les cendres de sa fille ? Guiter ne le pouvait pas. La guerre d'Italie mit d'ailleurs fin à son exil en faisant de nouveau de la Savoie une terre française.

Il n'oubliait pas pour cela son pays natal. S'il ne nous appartenait plus exclusivement, il était loin de se désintéresser de ce qui se passait dans le département qui avait vu les luttes de cinquante années de sa vie. Quand le parti républicain revenu du coup affreux, horrible qui l'avait frappé en 1851, quand la France désabusée eut forcé l'Empire à se relâcher de son système de terreur, quand la loi de 1868 eut permis de fonder des journaux sans autorisation administrative (1) il fut avec nous pour la création ou plutôt la résurrection de l'*Indépendant*. Il fut avec nous aussi et nous apporta un concours efficace et énergique aux élections de 1869 lorsque nous essayâmes d'étreindre et d'étouffer la candidature officielle dans le département en présentant M. Emmanuel Arago contre MM. Justin Durand et Calmètes dans les deux circonscriptions.

Ce fut une terrible lutte. Nous avions pour nous le prestige du nom d'Arago, le sentiment bien évident du pays qui se traduisait par les manifestations les plus enthousiastes, mais nos

---

(1) La loi de 1868 avait supprimé la nécessité de l'autorisation administrative, mais la création des journaux n'en était pas devenue beaucoup plus commode. On en jugera par deux faits. D'abord il fallut aller à Béziers pour faire imprimer la circulaire pourtant bien anodine qui annonçait la création de l'*Indépendant*. Ensuite les premiers numéros du journal durent être composés la nuit par des ouvriers empruntés aux autres imprimeries de la ville.

adversaires avaient le souvenir de la terreur et des déportations de 1851, des ressources inépuisables, le concours d'une Administration sans scrupules, décidée à tout faire pour vaincre sachant qu'elle pouvait tout se permettre. Livrés à eux-mêmes, les électeurs en grande majorité auraient acclamé le candidat républicain, mais des agents de police étaient postés en permanence à la porte de l'*Indépendant* et de nos Comités, le candidat lui-même était constamment poursuivi par les gendarmes ou ostensiblement *filé* par des agents de police, le journal de la Préfecture faisait entrevoir la perspective de Cayenne aux électeurs opposants, des *rastells* étaient ouverts dans toutes les communes. Nous fûmes vaincus. Un seul canton dans le département nous donna une majorité, celui de Millas. Perpignan, la ville qui tient tant à sa renommée républicaine, ne donna que cent voix de majorité. Nous fûmes vaincus, mais les vainqueurs devaient mourir de leur victoire. Nos adversaires du département virent leurs actes électoraux stigmatisés par l'opinion publique européenne, et l'Empire, cet inébranlable Empire, qui paraissait si bien appuyé par 7,500,000 électeurs fidèles, épuisé par le grand effort qu'il venait de faire pour s'assurer une majorité dynastique, devait bientôt vainement chercher dans le plébiscite et dans la guerre le moyen de relever son prestige perdu.

Quant aux vaincus, ils eurent bientôt leur revanche. M. Emmanuel Arago fut élu par une des circonscriptions de Paris, et nous eûmes, comme nous l'avions voulu, notre représentant républicain.

V.

Nous pouvons passer rapidement maintenant sur les dernières années de Guiter. Les événements auxquels ses derniers actes ont été attachés sont près de nous et dans le souvenir de tous.

Au plébiscite, Guiter fut président du comité de l'opposition à Chambéry, et porta dans les âmes par ses nobles et vaillantes paroles le courage et l'espoir d'un prochain succès.

Après le 4 Septembre il fut appelé à faire partie de la municipalité de Chambéry, mandat de confiance qui lui fut renouvelé aux élections d'Avril 1871.

Aux élections générales du 8 Février, les électeurs des Pyrénées-Orientales décidèrent de choisir comme candidats les représentants de 1848 survivants, et Guiter fut élu le second de la liste par 22,061 voix.

Il ne devait pas fournir la trop longue carrière de l'Assemblée Nationale. Brisé par la mort de son fils, qu'une terrible maladie enleva en 1872(1),

---

(1) Eugène Guiter mourut le 24 janvier 1872 à l'âge de 49 ans. Il était alors préfet de la Savoie. La République de 1848 l'avait fait, à l'âge de 25 ans, commissaire du gouvernement de l'Ardèche.

En 1851, il se trouvait à Montpellier où il rédigeait

il s'éteignit le 22 mars 1875, après avoir rempli presque jusqu'au dernier jour son devoir de député républicain. Son corps fut transporté à Chambéry, où reposait sa fille, où reposait son fils. Une foule immense suivit son convoi funèbre, et M. Parent, député de la Savoie, rendit un juste hommage à son collègue dans l'éloquente oraison funèbre que voici :

« Messieurs,

« Encore un des meilleurs entre les meilleurs qui nous quitte !

« Avant que cette tombe ne se referme sur Guiter, permettez-moi d'adresser au nom des populations que j'ai l'honneur de représenter, au nom de mes collègues de l'Assemblée Nationale où cette perte sera aussi vivement sentie qu'elle l'est parmi nous, un suprême adieu à notre compatriote d'adoption,

---

le *Suffrage universel* depuis la mort de son ami Aristide Ollivier tué en duel. On a conservé dans l'Hérault un vif souvenir de ses brillantes polémiques.

En 1869, les électeurs républicains de l'Ardèche lui offrirent la candidature. Il eut la majorité au premier tour, et ne fut battu au second tour que grâce à l'appoint donné par un concurrent légitimiste au candidat officiel.

En 1870, il fut élu conseiller général par le canton de Rivesaltes. Installé à la Préfecture de Chambéry après le 4 Septembre il y fut défendu jusqu'à sa mort par les sympathies des honnêtes gens et les démonstrations non équivoques des municipalités républicaines contre les intrigues et les dénonciations répétées des monarchistes.

Eugène Guiter avait toutes les qualités de son père. Sa nature sympathique lui avait fait de nombreux amis partout où les agitations de la politique l'avaient placé.

au meilleur des hommes et des patriotes, au père de notre Eugène Guiter que nous pleurons toujours.

« Théodore Guiter était un grand cœur, l'homme de bien par excellence, un caractère taillé à l'antique ; il n'a jamais dans sa longue carrière, comme homme et comme citoyen, connu la moindre défaillance.

« Doux, affable, de mœurs simples, d'un dévoûment infatigable, d'une grande bonté, il a pu avoir des adversaires politiques, j'affirme qu'il n'a pas rencontré un ennemi.

« Les énergiques populations des Pyrénées-Orientales, si patriotes, si républicaines, au milieu desquelles Guiter avait vécu 50 années, n'ont jamais manqué de lui témoigner hautement leurs ardentes sympathies ; il les a représentées à l'Assemblée constituante de 1848, à l'Assemblée législative de 1849 et, malgré vingt années d'absence, elles l'ont encore choisi pour les représenter à l'Assemblée Nationale.

« Il y siégeait à gauche, toujours dévoué à la République qui a été la religion politique de toute sa vie, et, j'en suis convaincu, si les déchirements de la dernière séparation pouvaient être adoucis, ils l'auraient été pour Guiter par la pensée qu'il laissait la France en possession définitive de la République.

« Le coup d'Etat devait à notre ami, à ses convictions honnêtes, loyales, patriotiques, l'honneur d'une persécution : Guiter fut exilé ; il se fixa en Savoie, où il ne tarda pas à être entouré de toutes les sympathies ; la Savoie devint sa patrie adoptive et c'est sur cette terre hospitalière qu'il a voulu reposer, au milieu des siens.

« Tout le département des Pyrénées-Orientales est en deuil de la mort de ce bon citoyen, je l'affirme : l'affliction n'est pas moins vive en Savoie.

« Puissent le témoignage des sympathies des populations et le spectacle de la douleur publique apporter quelques adoucissement aux douleurs de la famille de notre ami et surtout à celles de la sainte femme qui fut sa digne compagne pendant sa longue et laborieuse carrière !

« Adieu, Guiter, adieu, au revoir.

Voilà comment a vécu Guiter, voilà comment il est mort, voilà les regrets que sa mort a excités.

Sans doute les traditions de sa famille l'avaient admirablement préparé au rôle qu'il a joué. Mais on peut affirmer que, même s'il était né dans un autre milieu, l'ouverture de son esprit et la générosité de son cœur l'auraient poussé dans le camp républicain, et que son honnêteté l'y aurait maintenu.

Il était de ceux qui ne changent pas à tous les vents et ne se laissent pas séduire par la fortune.

Les occasions de changer ne lui avaient pourtant pas manqué, comme à ceux qui ont vécu les soixante-quinze années du siècle que nous vivons. Que de revirements, que de catastrophes, que de transformations il avait vus !

Né en 1797, vers la fin du Directoire, au milieu du bruit des victoires de la première campagne d'Italie et des dissensions auxquelles le Gouvernement du Directoire était en proie il atteignait l'âge d'homme sous la Restauration, après avoir vu en moins de vingt ans le Directoire remplacé par le Consulat, le Consulat par l'Empire, l'Empire par la Restauration et puis encore la Restauration par l'Empire et l'Empire par la Restauration.

Et après avoir été le témoin de tous ces revirements qui l'avaient fait passer de la République effective à la République nominale, de la République nominale au Césarisme, et retomber du Césarisme dans l'ancien régime, il en voit encore d'aussi grands et d'aussi nombreux dès qu'il a mis le pied sur la scène politique: la Restauration renversée, la Monarchie constitutionnelle établie avec enthousiasme et chassée avec mépris, la seconde République proclamée au milieu des transports de la nation, étouffée par un descendant bâtard de celui qui a étouffé la première, un second Empire naissant comme le premier par un coup de force et finissant aussi comme le premier par l'invasion étrangère, enfin la troisième République, en butte aux attaques de tous les ennemis qui poursuivent la République depuis trois-quarts de siècle, mais triomphant de toutes leurs embûches !

Que d'occasions de changer pour une âme faible et versatile ! Mais aussi quel aiguillon pour un cœur généreux et patriote ! Quel enseignement pour une âme forte, fière, honnête, pour un esprit réfléchi ! Cet aiguillon Guiter l'avait senti, cet enseignement Guiter l'avait compris et en était resté pénétré.

Il avait appris à rester fidèle à la liberté vraie tandis que beaucoup d'autres de ses compagnons de lutte tiraient prétexte et occasion de ces revirements politiques pour n'écouter que leur égoïsme et satisfaire leur ambition.

Rien qu'à ce titre, la vie de Guiter méritait d'être rappelée.

Si elle résume pour nous les luttes du parti libéral dans le département depuis la Restauration jusqu'à nos jours, elle offre un exemple parfait de la fidélité aux principes et du désintéressement politique que les générations actuelles ne sauraient trop méditer.

Notre jeune République sera heureuse et forte si elle peut produire beaucoup d'hommes de cette trempe et de ce caractère.

C'est notre vœu le plus cher.

LES REPRÉSENTANTS

DES

PYRÉNÉES-ORIENTALES.

Nous croyons utile de donner à la suite de cette Biographie de Théodore Guiter la liste complète des représentants des Pyrénées-Orientales depuis 1789. Nous la devons à l'obligeance de M. Ernest Delamont, de Prades, qui a bien voulu nous communiquer ses notes à ce sujet.

ÉTATS-GÉNÉRAUX DE 1789.

ASSEMBLÉE NATIONALE.

CLERGÉ.
Antoine de Legris d'Esponchez, évêque d'Elne.
Antoine de La Boissière, chanoine, vicaire général.

NOBLESSE.
Raymond de Banyuls, comte de Montferrer, etc., chevalier de Saint-Louis.
Michel de Coma-Serra.

TIERS-ÉTAT.
Terrats, juge de la viguerie de Roussillon et Vallespir.
Tixedor, juge de la viguerie de Conflent et Capcir.
Roca, bourgeois de Prades.
Graffan, licencié en droit de Thuir.

ASSEMBLÉE LÉGISLATIVE.

MM. Lucia, procureur-général syndic du département.
Escanié, homme de loi.
Marie, homme de loi.
Siau aîné, négociant.
Ribes, homme de loi.
Laferrière, homme de loi.

Suppléants : Reynalt–Triquière, Bataillé.

CONVENTION NATIONALE.

Biroteau.	Fabre.
Cassanyes.	Montégut.
Guiter.	Delcasso.

DIRECTOIRE.

CINQ-CENTS.	**ANCIENS.**
Izos.	Jacomet.
Tastu.	
Cassanyes.	
Guiter.	
Montégut.	

CONSULAT & EMPIRE.

Guiter,	Décembre 1799–1804
Jacomet,	1799–1802
Lamer,	1802–1807
Lamer,	1807–1811
Jalabert,	1811–1815

Guiter,	de Mai 1815 à Août 1815
Jaubert,	—
Jalabert,	—
Jacomet,	—

SESSION D'AOUT 1815.

Arnaud-Bernard.
Le comte de La Tour d'Auvergne-Lauragais.

RESTAURATION.

CORPS LÉGISLATIF.

Durand François,	Octobre 1816-1821
Poezdavant,	1816-1821
Durand,	1821-1826
Poezdavant,	1821-1826
Durand,	1826-1830
Poezdavant,	1826-1827
Lazerme,	1828-1830
Durand,	1830 à Juillet 1830
Garcias,	1830 à Juillet 1830

LOUIS - PHILIPPE.

Arago François, Garcias Laurent, Escanyé,	1830-1834
Arago, Garcias, Lacroix,	1834-1838
Arago, Garcias, Parès,	1838-1843
Arago, Garcias, Parès,	1843-1847
Arago, Garcias, Parès,	1847-1848

RÉPUBLIQUE DE 1848.
ASSEMBLÉE CONSTITUANTE
Réunie le 4 Mai 1848 jusqu'au 28 Mai 1849.

Arago François (qui opta pour Paris).
Guiter Théodore.
Arago Emmanuel.

Arago Étienne.
Pierre Lefranc.
Hippolyte Picas.

ASSEMBLÉE LÉGISLATIVE.

Arago François.
Arago Emmanuel.

Lefranc Pierre.
Guiter Théodore.

SECOND EMPIRE.

1852-1863, Durand Justin. — **1863-1868**, Péreire Isaac. — **1869-1870**, Durand Justin, Calmètes.

TROISIÈME RÉPUBLIQUE.
ASSEMBLÉE NATIONALE.

Arago Emmanuel, du 8 Février 1871 au 8 mars 1876.
Guiter Théodore.
Lefranc Pierre.
Etienne Arago (a donné sa démission et n'a pas siégé.)
Escarguel Lazare (élu en remplacement d'Etienne Arago aux élections complémentaires de Juillet 1871.)

Chambre des Députés.
Escarguel Lazare,
Massot Paul,
 Elus le 20 Février 1876.
Escanyé Frédéric,
 Elu le 5 Mars 1876.

Sénat.
Arago Emmanuel,
Lefranc Pierre,
 Elus le 30 Janvier 1876.

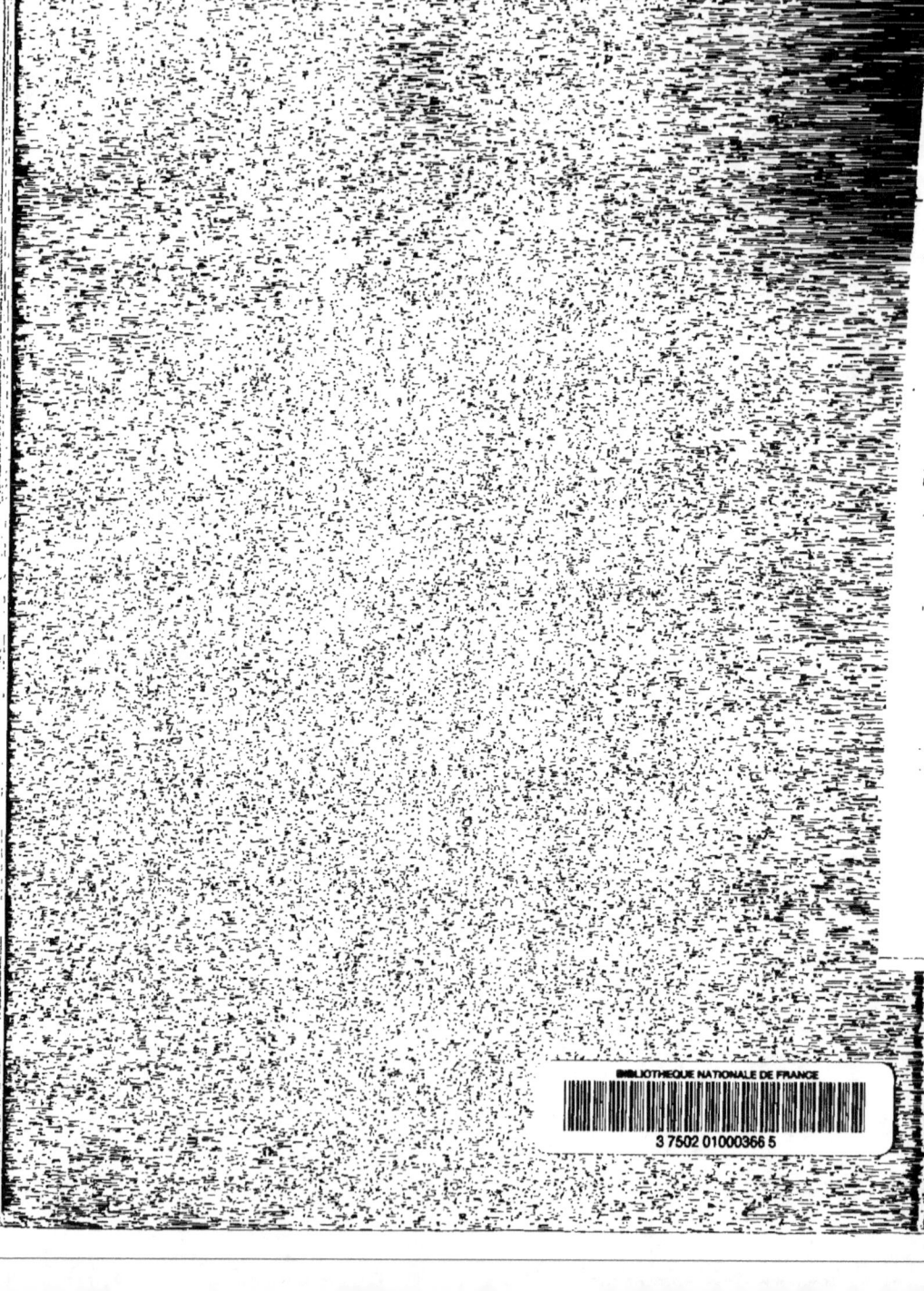